Vente du Samedi 12 Avril 1873

SALLE N° 3

TABLEAUX

DESSINS

EXPOSITION PUBLIQUE : le Vendredi 11 Avril 1873

EXEMPLAIRE DE DHIOS

M° HENRI LECHAT	MM. DHIOS ET GEORGE
COMMISSE-PRISEUR	EXPERTS
Rue Baudin, 6.	Rue Le Peletier, 33.

PARIS — 1873

Vᵉ RENOU, MAULDE ET COCK

IMPRIMEURS DE LA COMPAGNIE DES COMMISSAIRES-PRISEURS

rue de Rivoli, 144.

CATALOGUE

DE

TABLEAUX ANCIENS

Des diverses Écoles

QUELQUES TABLEAUX MODERNES

DESSINS

DONT LA VENTE AUX ENCHÈRES PUBLIQUES AURA LIEU

HOTEL DROUOT

SALLE N° 3

Le Samedi 12 Avril 1873

A DEUX HEURES

Par le ministère de Me **Henri LECHAT**, Commissaire-Priseur,
rue Baudin, 6,
Assisté de **MM. DHIOS** et **GEORGE**, Experts, rue Le Peletier, 33.

EXPOSITION PUBLIQUE

LE VENDREDI 11 AVRIL 1873

PARIS — 1873

CONDITIONS DE LA VENTE

Elle sera faite au comptant.

Les Acquéreurs paieront CINQ POUR CENT en sus des enchères.

DÉSIGNATION

DES

TABLEAUX

ANSELMI
1 — Sainte Famille.

ARELLANO
2 — Fleurs, Perroquet, Vases.

BIBIENA
3 — Intérieur d'un palais circulaire.
4 — Palais en ruines.

BLANCHARD
5 — Marine (Aquarelle).

BLOEMAERT (Abr.)
6 — Vénus chez Vulcain.

BOILLY (Louis-Léopold)
7 — La Leçon de dessin.

Un jeune enfant dessine ; son professeur, à droite, ouvre un carton.

BOUCHER (École de)

8 — Mars et Vénus.

Mars pris dans les filets de Vénus; à droite, des Amours font voltiger des Colombes.

BOURDON (S.)

9 — Bacchanale.

BOURGUIGNON

10 — Choc de cavaliers.

BREUGHEL (Le vieux)

11 — Patineurs auprès d'un château.

BREUGHEL

12 — Paysage.

BRUANDET

13 — Vue prise dans la forêt de Fontainebleau.

A gauche, de superbes troncs d'arbres; au milieu, au-dessus d'une mare, un bûcheron.

Beau spécimen de l'artiste d'une qualité exceptionnelle.

BRUN

14 — Psyché.

BURGH (Van der)

15 — Chasseur sous bois.

CHARPENTIER

16 — Petit Garçon tenant une jatte de lait.

CIPRIANI

17 — Vénus au bain.

CORRÈGE (Le)

18 — Portrait de la duchesse de Ferrare.
Vue de face, décolletée, ruban bleu dans les cheveux, elle tient une grappe de raisin.

DECAMPS

19 — Artilleurs algériens (Esquisse).

EVERDINGEN (A. Van)

20 — Cascade et Rochers.

FERG (Paule)

21 — Paysage.

FRAGONARD

22 — Paysage.
Vue prise près de Montmorency : des paysans reviennent du marché.

23 — Le Repos champêtre.
Des personnages, assis sous une treille, écoutent une femme symbolisant l'Abondance.

24 — Portrait de la Guimard.
Vêtue d'une robe de soie jaune, coiffée d'un chapeau de paille, elle est assise près de son piano.

FRAGONARD (D'après)

25 — L'heureuse Famille.

FRANCK

26 — Salomon perverti par la reine de Saba, encense les idoles.

GILLOT

27 — La Folle.

GIORDANO (Signé Luca)

28 — Le Collin-Maillard.

Une jeune fille, les yeux bandés, guidée par l'Amour vers son fiancé.

GIRODET

29 — Vénus au miroir.

GRIMOUX

30 — Portrait d'artiste.

GRYEF (A.)

31 — Gibier et Ustensiles de cuisine.

GUASPRE-POUSSIN

32 — Vue d'Italie.

Une cascade, des rochers; dans le bas, des pêcheurs. Superbe composition.

HEDA (Attribué à)

33 — Nature morte.

KESSEL (Johann Van)

34 — Nature morte.

LACROIX (Signé)

35 — Le port de Marseille.

    Sur le devant, des marchands de poissons débarquent leurs produits.

LAJOUE

36 — La Nuit.

    Sur un lit de repos, style rocaille et d'une superbe ornementation. La Nuit sommeille.

LAJOUE

37 — Intérieur de parc.

LAQUY

38 — Marchand et Marchande de gibier (Deux pendants).

LAURI (Philippe)

39 — Aréthuse soustraite par Diane à la convoitise d'Alphée.

40 — Le Jugement de Midas.

LECLAIRE (Victor)

41 — Grand Tableau de fleurs.

LECLERC DES GOBELINS

42 — Femme nue sur un lit.

LE COEUR

43 — La Causerie.

LOO (Louis-Michel Van)

44 — Portrait de Buffon.

Vu de face, en habit de velours rouge, orné de fourrures.

LOUTHERBOURG (Signé)

45 — Paysage et Animaux.

Des animaux viennent s'abreuver ; à droite, des chasseurs.

46 — Les Baigneuses.

Des paysannes se livrent au plaisir de la natation.

MASSON (Bénédict)

47 — Marius sur les ruines de Carthage.

MANSION

48 — Vue prise près du Pont-Royal.

MIGNARD

49 — Scène d'intérieur.

MOLA (Francesco)

50 — Saint Jérôme.

MOMPÈRE (Signé Josse de)

51 — Paysage.

Au milieu, des cavaliers ; à gauche, des rochers.

NETSCHER (Gaspard)

52 — Portrait d'une impératrice d'Autriche.

Vue de face, habillée de soie brodée d'or et portant le manteau impérial.

NETSCHER (GASPARD)

53 — Portrait de Mme de Montespan.

Décolletée, ornée d'un collier de perles ; dans le bas, un superbe tapis de Turquie.

PATEL (Père)

54 — Paysage.

PÉCHEUX

55 — Angélique et Médor.

PROCACCINI

56 — Saint Jean-Baptiste, enfant.

REYNOLDS

57 — Portrait de la maîtresse de lord Byron, Mme G....

Vue de face, elle est coiffée de fourrures, avec des plumes. Portrait très-fin.

RICCI

58 — Intérieur d'atelier de peintre.

59 — Atelier de sculpteur.

ROTTENHAMER

60 — Les trois Parques.

SEVEL

61 — Deux Panneaux de chapelle : la Vierge et saint Jean.

Fond doré, encadrements peints par M. Platzer.

SMARGIASSI

62 — Ville d'Italie.

TAUNAY

63 — Vue d'Italie.

Environs de Rome ; au fond, des pâtres ramènent leurs bestiaux.

TÉNIERS (Père)

64 — L'Odorat et la Vue (Deux pendants).

THÉOLON

65 — L'Amour sur un char, traîné par deux nymphes.
66 — Le Faune enchaîné.

TIÉPOLO

67 — La Clémence de Scipion.

Le vaincu, vêtu d'un manteau blanc, se prosterne à ses pieds.

TINTORET (École du)

68 — Vénus punissant son fils.

TRINQUESSE

69 — Dame assise dans un jardin.
70 — Jeune Femme tenant un chien sur ses genoux.

VALLIN

71 — Baigneuses.
72 — Nymphes surprises par un Faune.
73 — Apollon sur Pégase, franchissant le Parnasse.

VERDUSSEN

74 — Chasse au cerf.

VERNET (JOSEPH)

75 — Cascades près de Tivoli.

    A gauche, des pêcheurs sont occupés à jeter leurs filets.

VERTANGHEN (D.)

76 — Danse de nymphes.

VRIÈS (DE)

77 — Le Moulin à eau.

    A gauche, le moulin sur l'étang; au milieu, des paysans se reposent à l'ombre. Superbe paysage dans la manière d'Hobbema.

WALTEFF (Signé). 1797

78 — Combat de coq et de faisan.

WOUWERMAN (École de)

79 — Chasse au cerf.

ÉCOLE FRANÇAISE

80 — Construction du pont d'Orléans.

ÉCOLE MODERNE

81 — Fruits et Fleurs (Pastel).

82 — Tête de jeune fille couronnée de fleurs.

MINIATURE DU XVIe SIÈCLE

83 — La Cène.

84 — Un Carton de Dessins anciens, parmi lesquels un croquis à la sanguine, par Rubens; plusieurs par Greuze, Lantara, etc.

85 — Carton contenant 12 Dessins, 58 Gravures et 3 Lithographies.

86 — Un Portrait de femme (Pastel), de l'École française (époque Louis XVI).

Vᵉ Renou, Maulde et Cock, imprs de la Compagnie des Commissaires-Priseurs, rue de Rivoli, 144.   31449